Bibliografische Information der Deutschen Nationalbibliothek:

Die Deutsche Bibliothek verzeichnet diese Publikation in der Deutschen National-
bibliografie; detaillierte bibliografische Daten sind im Internet über http://dnb.d-
nb.de/ abrufbar.

Impressum:

Copyright © 2008 GRIN Verlag, Open Publishing GmbH
Druck und Bindung: Books on Demand GmbH, Norderstedt Germany
ISBN: 978-3-640-74072-7

Dieses Buch bei GRIN:

http://www.grin.com/de/e-book/160948/der-vater-sohn-konflikt-in-hoffmannsthals-
knabengeschichte

Alina Prade

Der Vater-Sohn Konflikt in Hoffmannsthals "Knabenge-
schichte"

GRIN Verlag

GRIN - Your knowledge has value

Der GRIN Verlag publiziert seit 1998 wissenschaftliche Arbeiten von Studenten, Hochschullehrern und anderen Akademikern als eBook und gedrucktes Buch. Die Verlagswebsite www.grin.com ist die ideale Plattform zur Veröffentlichung von Hausarbeiten, Abschlussarbeiten, wissenschaftlichen Aufsätzen, Dissertationen und Fachbüchern.

Besuchen Sie uns im Internet:

http://www.grin.com/

http://www.facebook.com/grincom

http://www.twitter.com/grin_com

Rupprecht - Karls- Universität Heidelberg

Seminar für Deutsch als Fremdsprachenphilologie

Sommersemester 2008

Seminar: **Wiener Moderne**

Hausarbeit

Hoffmannsthal: Knabengeschichte

Vater-Sohn Konflikt

Alina Prade

Deutsch als Fremdsprachenphilologie/ Romanistik (Spanisch)

5./ 12. Sem.

Inhaltsverzeichnis

1. Einleitung

Knabengeschichte ist eine kurze Erzählung, in der Hoffmannsthal ein bestimmtes Moment im Leben eines jungen Menschen festhält. Dieser wichtige Zeitpunkt markiert eine Wende in seinem Leben, der Schritt vom Kind zum Erwachsenen. Es ist der Moment der Suche nach eigener Identität, und implizit nach den eigenen Wurzeln. Um Erwachsen zu werden, braucht der Jugendliche die Figur des Vaters, den er nie gekannt hat. Hoffmannsthal analysiert das Leben seiner Figur nicht, sondern er reduziert sich zum Beobachter und gibt detailliert seine Beobachtungen wieder. Auf diese Weise fühlt man sich sehr nah am Geschen, so nah, dass man die innere Unruhe der Figur miterlebt und sein Schicksaal sehr nah verfolgt. Diese Metaphorische Suche nach dem Vater und nach den eigenen Wurzeln steht im Mittelpunkt der Erzählung. Der Erzähler lässt dem Leser die Freiheit der Analyse. Diese Arbeit wird sich mit dem Konflikt Vater-Sohn beschäftigen, und auch mit der Umwandlung des Jungens und die Entdeckung der Erwachsen Welt.

2. Entstehung

Die ersten Notizen zu dieser Erzählung datieren auf den 11. September 1906. Danach folgen mehrere und längere Unterbrechungen und erst 1912 - 1913 entstehen neue Notizen zu diesem Thema.

Das Thema ist nicht eine Premiere in Hoffmannsthals Werk; im Gegenteil, es scheint ein wichtiges Thema zu sein, das den Autor viel beschäftigt hat. Es wurde schon in „Age of Innocence" und im „Andreas"-Roman behandelt.

Der Titel "Knabengeschichte" weißt deshalb auf zwei andere Erzählungen hin: "Reitergeschichte", und "Soldatengeschichte" und lässt den Leser vermuten, dass Hoffmannsthal die Absicht hatte, einen Zyklus von "Geschichten" zu schreiben, der aber

3

nicht realisiert wurde. Es bleibt aber unbekannt, wo die Erzählung zuerst veröffentlicht wurde.

3. Die Figuren

Der Text stellt mehrere Figuren dar, die meistens nur als Hinweis oder Analogie zu einem ähnlichen Schicksal dienen, und keine wichtige Rolle in der Entwicklung der Erzählung spielen. Die einzige dargestellte Figur ist Euseb und implizit sein Vater und vielleicht noch seine Mutter, deren Bild im Bild anderer weiblicher Figuren widergespiegelt wird.

3.1 Euseb

Die Hauptfigur ist ein pubertierender Junge auf der Suche nach sich selber. Sein biblische Name, Euseb, weist auf eine symbolische Analogie zu Jesus hin; auf griechisch bedeutet es "der Fromme" und war auch der Name eines Heiligen. Diese christliche Symbolik ist nicht bedeutungslos, sondern sie liefert wichtige Hinweise über die Struktur der Figur.

Das erste was man über Euseb in dem Text erfährt ist seine Grausamkeit gegen Sperber, gleich am Anfang des Textes, und danach gegen Tiere generell:

Euseb, der älteste von denen, die es getan hatten, stand in der Dämmerung und starrte auf den Vogel, aus dessen leuchtenden Augen die Raserei hervorschoss, indess er sich an der eidernen Nägeln, die seine Flügel durchdrangen, zu Tode zuckte. [1]

Diese erste Szene verrät noch etwas anderes über die Figur, nämlich seine innere Unruhe, suggeriert durch die Metapher der Dämmerung, und seine Faszination gegenüber der Agonie der Sperber vor dem Tod, die er fast wie eine sexuelle Erfahrung,

---

[1] Hoffmannsthal, Hugo von:179.

wie eine Initiation erlebt. Das wird auch durch die Assoziation mit der nächsten Szene betont, in der er die Junge Frau beim Ausziehen beobachtet. Wollust wird in dieser Hinsicht mit Grausamkeit verbunden.

Durch die Aggressivität den Tieren gegenüber wird auf einer symbolischen Ebene die Suche nach dem Vater suggeriert. Sein Frust, die Einsamkeit und das Gefühl verlassen zu sein, versucht er durch Aggressivität zu verdrängen. Der Sperber soll symbolisch der Vater sein, der für seine Fehler zahlen muss. Der Vater wird also verurteilt und muss in diesem Moment für seine Sünden büßen.

Das Alter spielt auch eine große Rolle, denn es ist die Grenze zwischen Kindheit und Erwachsensein:

Am Ende der Adoleszenz tritt der heranwachsende Sohn in ein neues Stadium ein. Nun wird die Bestätigung des Vaters, daß der Sohn zum Mann geworden ist, zum dringenden Gebot. Er wird dem ungeduldigen Pochen des Jugendlichen auf Privilegien und Rechte Erwachsener sozusagen seinen Segen erteilen.[2]

Das ist genau, was der junge Euseb sucht: Bestätigung, um in die Erwachsenenwelt einzutreten. Aus diesem Grund beginnt er die dringende Suche nach dem Vater. Es ist die Zeit der Veränderung und der Junge spürt es nicht nur Körperlich sondern auch psychisch.

Das wird auch in dem Text angedeutet:

Der Knabe Euseb hielt sich kaum auf den Beinen und das Grausen fasste ihn im Genick, dass er nicht den Augenapfel zu drehen wagte. Dennoch ergriff er nochmals dem Hammer um seinen Vater zu finden.[3]

Sein Status in der Gesellschaft wurde durch die Abwesenheit des Vaters stigmatisiert. Er ist ein uneheliches Kind, das seinen Vater nie kennen gelernt hat ("er ist ein uneheliches

---

[2] Bloß, Peter:23-24.
[3] Hoffmannsthal, Hugo von:179.

Kind und kennt seinen Vater nicht")[4], und deswegen fühlt er sich von ihm verstoßen. Aus diesem Grund wird er auch in der Gesellschaft der damaligen Zeit an den Rand geschoben. Er hasst nicht nur seine gesellschaftliche Situation und die Abwesenheit des Vaters, er hasst den Vater selbst.

Auch hier könnte man die Analogien zu Jesus Christus ziehen. Er ist Vaterlos, genau sowie Jesus. Die Ermordung des Sperbers ist auch eine symbolische Selbstkreuzigung des Knaben, könnte aber auch als Kreuzigung des Vaters interpretiert werden. Und in diesem Fall findet ein Rollenwechsel statt. Der Junge wird zum Allmächtigen und kann über seinem Vater entscheiden. Für einige Momente hat er die Kontrolle, der Vater soll seinen ganzen Schmerz, sein ganzes Leiden symbolisch spüren. In der Wirklichkeit könnte er das mit seinem Vater nicht tun, aber er benutzt den Sperber als Ersatz für die Vaterfigur, damit er sich an ihm rächen kann.

Auf einer anderen Ebene - mit dem Sperber - findet eine Selbstkreuzigung statt; er fühlt sich schuldig, dass sein Vater ihn verlassen hat. Aus christlicher Hinsicht, als uneheliches Kind, ist er das Resultat einer Sünde, deswegen fühlt er sich auch unwürdig und wertlos. Aus diesem Grund will er sich selbst durch die Kreuzigung des Sperbers bestrafen.

Die Abwesenheit des Vaters hat seiner ganzen Existenz eine andere Bedeutung gegeben. Damit ist er für immer verurteilt. Aber er bleibt der Schlüssel zu seinem neuen Leben und zu einem neuen Anfang. Die Sehnsucht nach dem Vater wird auch skizziert:

die greifende Hand – nach einem Kind... ihm erscheint die Hand des unbarmherzigen Vaters. Diese Hand, die sich auf seine Brust legt. Als etwas millionenfach schweres: er findet an der Stelle dann immer die eine, totenhafte Hand. <<Meinem Vater, seine Hand>> sprach er, ohne die Zunge zu bewegen.[5]

Das Kind versucht mittels der Hand seine Vatervorstellung zu spüren, um sich die Vaterliebe vorstellen zu können.

---

[4]   Hoffmannsthal, Hugo von:183.
[5]   Hoffmannsthal, Hugo von:198.

Die Hand könnte die mögliche Beziehung Vater – Sohn andeuten. Aber die Erklärung "nach einem Kind" relativiert diese Beziehung. Es ist nicht sein Kind, sondern nur ein Kind, und das erweitert die Distanz zwischen den Beiden.

Ein andere Aspekt ist die zusätzliche Beschreibung der Hand: "Millionnenfach schweres" und "totenhafte" und damit werden neue Akzente an der Figur des Vaters angefügt.

Zusammenfassend kann man sagen, dass Euseb als alleinstehende Figur nicht existiert. Seine Existenz basiert auf der suche nach seinem Vater und diese Suche wiederum gibt ihm Konsistenz.

3.2 Der Vater

Die Figur des Vaters wird nur indirekt dargestellt, als permanente Abwesenheit, der aber genau mit seiner Abwesenheit das Schicksal seines Sohnes stigmatisiert. Das ist auch der Hauptgrund warum Euseb ihn hasst. Diese negative Darstellung der Vater betont die Distanz zwischen den Beiden und gleichzeitig die Notwendigkeit der Suche. Der Vater wird von seinem unehelichen Sohn gehaßt, nicht nur weil der Sohn ein uneheliches Kind ist, sondern auch weil er das Kind nicht wollte. Er ist nur auf seine animalische Sexualität reduziert, den Folgen seiner Taten will er sich nicht stellen, und fühlt sich auch nicht für das Kind verantwortlich.

Die negative Darstellung des Vaters wird immer wieder direkt oder indirekt betont:

Der Vater...

vielleicht einer der dem Teufel vom Schubkarren gefallen ist[6]

Der erste Satz auch kursiv geschrieben und von drei Punkten gefolgt, markiert die Sehnsucht des Sohnes nach seinem Vater und die permanente Präsenz in seinen

---

[6] Hoffmannsthal, Hugo von:187.

Gedanken. Die Ergänzung scheint zwei Extreme zusammen zu bringen.

Durch diese Analogie wird die negative Seite des Vaters bis zum Extremen gebracht. Der Adverb "vielleicht" relativiert jedoch die Aussage. Sehnsucht, Liebe und Haas mischen sich in die Vatersuche.

Der Sohn stellt sich seinen Vater als herzlos vor. Seine Herzlosigkeit hat als Folge die Herzlosigkeit seines Sohnes, weil er keine Vaterliebe spürt. Die Herzlosigkeit des Kindes richtet sich auf die Tiere; seine Absicht ist, wie ich schon erwähnt habe, seinen Vater, oder sich selbst zu bestraffen. Der Schuldkreis wird auf diese Weise symbolisch abgeschlossen. Durch die symbolische Ermordung des Vaters, wird dieser entidealisiert. Der Vater bleibt nur eine mentale Gestaltung, der nur in dem Gedanken seines Sohnes existiert.

Seine Abwesenheit und Immaterialität wird auch in dem Text angedeutet:

er hat seinen Vater gemacht aus sich selber und hat sein Geschick an andern noch gewaltsamer wirken gesehen – so hat er eine hohe Stufe erreicht.[7]

In seiner verzweifelten Suche nach dem Vater hat er ihm ein Gesicht gegeben, nämlich sein eigenes, denn er hat die Vaterfigur aus seinem Spiegelbild rekonstruiert. Er identifiziert sich auf dieser Weise mit der Vaterfigur, in einem umgekehrten Prozess. Er geht von sich aus, um das Profil des Vaters wiederaufzubauen. In dem Rekonstruktionsprozess der Vaterfigur kann er keine fassbaren Hinweise, Dokumente oder andere Reliquien benutzen, weil er gar keine hat. Die einige Beweis der Existenz seines Vaters ist er selbst als Folge eines biologisches Prozess.

Aus seinen Leiden und aus seinem physischen und moralischen Profil kann Euseb dem Vater ein imaginäre Gesicht skizzieren. Dieses menthale Profil ist aber nur eine Kreation der Phantasie, und nicht mehr als das. Es hat nur für Euseb einen Inhalt und eine

---

[7] Hoffmannsthal, Hugo von:194.

Bedeutung. Wenn es nicht in Verbindung mit Euseb betrachtet wird , ist es bedeutunglos, oder besser gesagt, es existiert überhaupt nicht mehr.

3.3 Die Mutter

In der Familienkonstellation könnte die Figur der Mutter nicht fehlen. In dem Text findet man keine direkte Aussage über die Mutter, jedoch bleibt ihre Existenz unbestritten.

In einer anderen Erzählung von Hoffmannsthal, **Die Frau ohne Schaten**, wird die Frau erst durch Fruchtbarkeit zum Mensch.

Erst die Mutterschaft, die weibliche Tat, berechtigt sie ins Leben zu treten. So gilt es endlich, ihren Weg als männliche Imagination zu beschreiben, als männlichen Entwurf einer weiblichen Sozialisation, durch die die Rolle der Frau als Gebärende festgeschrieben wird.[8]

Im Gegenteil zu **der Frau ohne Schatten** ist das Bild der Frau in unserer Erzählung genau das Gegenteil. Durch ihre uneheliche, ungewollte Sexualität wird sie und ihr uneheliches Kind an den Rande der Gesellschaft gedrängt. In **Knabengeschichte** wird die Mutter nur als Opfer ihrer Sexualität dargestellt und nur auf ihre Sexualität reduziert. Sie wird nur als Lustobjekt ausgenutzt. Die Konsequenzen ihrer Taten muss sie alleine tragen. Es ist fast eine Parallele zur Tierwelt, wo nur den Instinkt gefolgt wird.

In dieser Erzählung wird die Mutterfigur nicht direkt dargestellt, sondern nur analoge Figuren, mit den gleichen Schicksal, die das Schicksal der Mutter wiederholt. Durch Analogien zu diesen anderen weiblichen Figuren konnte man einige Informationen über sie herausholen.

Knappe Hinweise über die Mutter findet man auch in der Erzählung:

---

[8] Janke, Pia in Janke , Pia, Durhammer, Ilija(Hrsg.):261

Grässlich für ihn alle Assoziationen mit hinausgeworfen werden aus der Tür: die Mutter klagte, der Liebhaber habe sie bei der Tür hinausgeworfen. So flüchtet er einmal zur Sakristeitür hinaus. Aber die Welt hat keine Tür, dass man hinausflüchten könnte.[9]

Diese kurze Angabe enthält neben die Informationen über das Schicksal der Mutter auch über das Schicksal des Sohnes; er fühlt sich aus der Gesellschaft verstoßen, und findet keinen Platz in dieser Welt.

Die Mutter bleibt weiterhin in ihrer Rolle als Lustobjekt, aber bedeutungslos als Mensch, "herausgeworfen", wie ein unerwünschtes Tier.

Auch der Entbindungsakt wird als brutaler Akt, als Entfremdung dargestellt:

Dann ein ganz anderer Aspekt: er sieht das von einer unfassbaren Gewalt aus dem Mutterleib herausgeworfene (Assoziation des aus dem Sperbernest geworfenen Jungens) – das töricht ins Sein harausgelaufene – nun angewiesen, sich des Daseins zu erwehren.[10]

Die Trennung vom Körper der Mutter bedeutet für ihn das Eintreten in das Leben als alleinstehende Person, die für ihre eigene Existenz kämpfen muss. Die Mutterliebe ist nicht spürbar, auch die Liebe des Sohnes der Mutter gegenüber bleibt unausgesprochen.

Die Funktion und die Position in der Gesellschaft einer unverheirateten Mutter wird im Text angedeutet als paralleles Schicksal von Eusebs Mutter. Das wird noch einmal am Ende der Erzählung betont.

Die wirr durcheinanderlaufenden Sorgen, Ängste, Beschwerden und Interessen der Mutter in ihrer Todesstunde im Spital. Ihr Leben hatte da gar kein Ende.[11]

Das Leben der Mutter war auch ein unendliche Qual. Ihre Rolle in seinem Leben reduziert sich auf das Biologische und wird fast auf die gleiche Stufe mit dem Vater

---

[9] Hoffmannsthal, Hugo von:202.
[10] Hoffmannsthal, Hugo von:193
[11] Hoffmannsthal, Hugo von: 206.

gesetzt. Auch der Tod scheint nicht sie zu von ihrem Schicksal zu befreien.

4. Der Vater-Sohn Konflikt

Der Vater- Sohn Konflikt ist die Folge des inneren Konflikt Eusebs, der seinen Höhepunkt in der Adoleszenz findet. Wie ich schon erwähnt habe, die Bestätigung durch die Figur des Vaters würde ihm helfen, diesen Schritt in das Erwachsen werden zu ermöglichen.

Die innere Zerrissenheit der Figur wird im Laufe des Textes oft durch die Analogie zur Natur betont. Die Erzählung fängt mit einem Satz an: "Dämmerung und nächtliche Gewitter"; in den Notizen wird dieser Satz regelmäßig vor fast jedem Abschnitt wiederholt. Sein Ausmaß an Gewaltbereitschaft, Kommunikationslosigkeit und Voyeurismus sind auch Beweise für seine innere Zerrissenheit.

Der Text liefert aber auch die Beschreibung des inneren Chaos:

in dem Knaben ein grandioses Einteilen des Chaos manchmal, dies unten, dies oben, dies rechts, dies links: damit wird er Herr über das Chaos. Dies unterstützt er durch die Stellungen im Liegen, aufstehen, steif knien(...)ich darf nicht so liegen, sagte sich Euseb, sonst werde ich zur Schlange.[12]

Es wird wieder eine biblische Symbol verwendet um die Opposition Vater - Sohn zu markieren. Die Schlange ist das biblische Symbol für Konflikt zwischen Gott und den Menschen. Sie ist auch Metapher der Sünde und des Reichs der Toten. Auch keine positive Konnotation. Er ist bereits das Resultat einer Sünde. Die Einführung dieses Symbols stellt den inneren Konflikt des Sohns in den Vordergrund. Der Konflikt ist einseitig, denn der direkte Kontakt mit dem Vater existiert nicht. Euseb sucht seinen Vater, obwohl er ihn hasst, und wenn er ihn nicht findet dann baut er eine fiktive, mögliche Vaterfigur aus seinem eigenen Spiegelbild:

---

[12] Hoffmannsthal, Hugo von:195.

Der Traum von der Erde. Er wühlt in goldiger und schwarz - brauner Wassererde lässts durch die Finger laufen, da laufen die Finger mit, die Füsse – er zerläuft ganz: aus der goldigen Materie hebt sich der Vater auf – er hat den Vater aus sich hervorgebracht: so löst sich das eine Schreckniss das andere(...)[13]

Die Kreation des Vaters wird sehr plastisch, als materielle Form dargestellt. Durch dieses gespiegelte Bild des Vaters identifiziert es sich mit seiner Figur, einerseits und gleichzeitig unterwirft er sich dieser neu kreierten Figur. Diese Selbsterniedrigung wird durch die Tiersymbolik suggeriert:

er achtete es nicht; er hatte das Bewusstsein seiner Gestalt verloren, minutenlang war er klein wie ein Wiesel, wie die Kröten, wie alles was da an der zitternden Erde raschelte und lauerte.[14]

In seiner Suche nach dem Vater und implizit nach sich selbst könnte man die Sperberermordung doppeldeutig interpretieren: erst als Identitätssuche und dann als Ermordung des Vaters:

Er suchte den Vater – auch in Hammerschlägen auf die Nägel, die den Leib des Sperbers am Holz kreuzigten, und fand sich

So gekreuzigt war auch er durch den Vater, den Verächter seines Lebens.[15]

Die Aggressivität auf der Suche nach seinem Vater führt in zu sich selbst und stellt eine Ähnlichkeit mit dem Vater dar.

Die Interaktion Vater- Sohn wird durch die Metapher der Kreuzigung deutlich gemacht.

Auf eine symbolische Ebene hat er seinen Vater gekreuzigt, genau so wie sein Vater, ihn durch seine Abwesenheit gekreuzigt hat. Das ist die erste Ebene des Konflikts: symbolisch hat das uneheliche Kind seinen umbarmherzigen Vater, für seine Sünden bestraft. Die Stellung wird hier gewechselt: das Kind wird zum Gott und bestraft den Vater.

---

[13] Hoffmannsthal, Hugo von:196.
[14] Hoffmannsthal, Hugo von:182.
[15] Hoffmannsthal, Hugo von:194.

Die zweite Ebene des Konflikts ist viel tiefer und bezieht sich auf seine Identität und Stellung in der Gesellschaft und auch auf sein zukünftiges Leben. Die Vaterfigur bleibt im Mittelpunkt, es kommen jedoch auch andere Faktoren betracht, wie Gesellschaft, innere Kraft, die seinen inneren Konflikt lösen könnten.

Die dritte Ebene wäre der Konflikt mit sich selber; er akzeptiert die Stellung in der Gesellschaft und fühlt sich schuldig. Er ist schuld für sein Dasein, deswegen will er sich selber dafür bestrafen.

Der globale Konflikt endet in dem Moment, als er die Vaterfigur, oder besser gesagt seine Abwesenheit akzeptiert. Wenn er sich von dieser Last befreit, kann er ein neues Leben anfangen.

5. Doppeldeutigkeit der Vaterfigur

In seiner sehnsüchtigen Suche nach seinem Vater findet Euseb nicht nur ein sondern zwei Konzepte von Vaterfiguren, einmal den leibliche Vater und einmal den allmächtigen Vater .

Von dem allmächtiger Vater erwartet er die Erlösung: „der barmherzige Vater der ihm stattdessen zugewiesen ist, der Vater aller Kreaturen…."[16]

Der allmächtige Vater ist der einzige, den das Kind kennt, respektiert und von dem er Schutz erwartet. Er wirkt auch als Gegenpol für den leiblichen Vater.

Der leibliche Vater wird oftmals in Text als „unbarmherziger Vater" bezeichnet.

Diese Bezeichnung "barmherzig" und "unbarmherzig" betont den Gegensatz zwischen menschlich und göttlich.

---

[16] Hoffmannsthal, Hugo von:200.

Die Verwirrung wird nochmals akzentuiert:

„Ich will zu dir dürfen. wenn meint er ? den himmlischen oder den irdischen Vater?"[17]

Der auktoriale Erzähler betont durch seine Kommentare nicht nur die Verwirrung des Lesers sondern auch die Verwirrung der Figur, denn Euseb versucht Bestätigung zu bekommen an dem Gott Vater. Wenn alle seine Versuche, seinen leiblichen Vater zu finden, erfolglos bleiben, entscheidet sich der Knabe, das Bild Gottes als Vatersatz zu akzeptieren.

Auf diese Weise situiert er sich selber auf einer höheren Ebene, genau deswegen weil die göttliche Liebe viel wertvoller als die menschliche Liebe ist. Gott kann verzeihen, weil seine Liebe unendlich und bedingungslos ist:

"Man entfernt sich von Gott (scheinbar auf immer , wie durch den Mord an dem Sperber) und kehrt gerade auf diesem Weg zu ihm zurück"[18].

Der Knabe stellt seine Beziehung zu Gott fest, und auch, wie er sich durch seine Taten von Gott entfernt hat.

Eusebs Vatersuche wird mit der Vaterlosigkeit Jesu verglichen und durch diese Parallele wird die Figur näher zu dem Gott- Vater gebracht, während die Distanz zum leiblichen Vater immer größer wird. Beide Vaterkonzepte kann man nicht anfassen, jedoch die Figur des Gott-Vaters hat mehr Glaubwürdigkeit und mehr Inhalt, da Gott ein universell akzeptiertes Konzept ist.

Die Nähe zu dem Gott-Vater akzeptiert er, weil Gott ein immaterielles Konzept ist, der aber universell bestätigt ist. Seine Existenz, obwohl er unfassbar ist, bleibt unbestritten.

Der leiblicher Vater im Gegenteil existiert, als fassbares Wesen, als Mensch. Die Existenz des Jungen ist der beste Beweis dafür. Die Begegnung Vater-Sohn bleibt unter dem

---

[17] Hoffmannsthal, Hugo von: 201.
[18] Hoffmannsthal, Hugo von:200

Zeichen der Unmöglichkeit. Und wenn er ihn nicht identifizieren kann, dann nähert er sich dem Gott-Vater, von dem er Schutz und Liebe bekommen kann.

Um so mehr er keine Indizien zu seinem Vater findet, um so mehr löst er sich von seinem Bild, aber er sucht nach einem Idealbild des Vaters, und das kann nur Gott sein.

Mit der Annäherung an "der Vatter aller Creaturen" löst er sich von seinen Stigmata: er ist nur ein Sohn, wie jeder andere Mensch, ein Sohn Gottes, der genau wie Jesus leiden musste um ein neue Leben anfangen zu dürfen.

Mit dem Umkehr zu dem Gott absolutisiert er die Vaterfigur und zerbricht die imaginäre Bindung zu seinem leiblichen Vater. Er bleibt nur ein Sohn Gottes und das sichert ihm einen privilegierten Platz ; er ist viel näher an dem Gott-Vater, denn genau wie Jesus hat er jetzt nur ihn. Es gibt für ihn keinen anderen Vater als Gott.

6. Darstellung der Natur und ihre Bedeutung

Die Natur bleibt als Hintergrund in dieser Erzählung und unterstützt die Darstellung der inneren Konflikte des Protagonisten. Das Gewitter nach seiner grausamen Tat ist eine Analogie mit dem biblischen Gewitter nach der Kreuzigung Christi. Sie kann die Erlösung bringen und ist vielleicht auch die Grenze zwischen zwei Welten. Das Gewitter könnte auch auf der symbolischen Ebene den Konflikt und auch die Sünde löschen und dem Jungen die Wiedergeburt als Unschuldigen ermöglichen.

Die Darstellung des Gewitters könnte mit einer Symphonie verglichen werden, die die Natur und die Gefühle des Knaben verbindet. Es ist der Schmerz des Sperbers, der in seiner Seele widergespiegelt wird, es ist auch die Suche nach Antworten und das alles hat im Hintergrund eine feindliche Natur. Die gewaltigen Blitze sind die einzigen Lichtquellen, sowohl draußen als auch innen.

Das Motiv der Synthese, die die Außen- und Innenwelt zu einer Einheit verschmelzen lässt, scheint für zahlreiche Bemerkungen Hoffmannsthal konstitutiv zu sein.[19]

Es sind auch die symbolische Fragen und die in der dunklen Welt des Unwissens , die sich durchzusetzen versuchen. Die Blitze können auch die Verbindung Himmel-Erde symbolisieren und implizit eine metaphorische Verbindung zwischen Gott Vater und Euseb.

Die Nacht ist auch kein Zufall, sondern Metapher des Unbekannten, des Mysteriums und der perfekte Schauplatz für Aggressivität und Sexualität. Das nächtliche Szenario betont die Komplexität und die Tragik der Situation. Die Nacht kann auch ihn und sein Schicksal verstecken, gibt ihm Schutz. In der Dunkelheit der Nacht wird er anonym. Er ist nicht mehr das "uneheliche Kind", sondern nur ein Kind. Die Nacht ist auch ein Platz der Umwandlung.

Das Wasser, ein anderes Element der Natur, ist eine Konstante in der Erzählung. Das Gewitter impliziert auch Regen, und der Regen, also das Wasser, verbindet dann zwei Dimensionen: Erde und Himmel, aber in einem gewaltigen Prozess.

7. Schluß

Knabengeschichte stellt den innere Konflikt eines Knaben in der Pubertät dar, und damit lässt der Text auch viele andere Fragen offen.

Hoffmannsthal vermischt Gefühle, Naturszenen, Gewalt und Schicksale, Menschlichkeit und Göttlichkeit, Traum und Wirklichkeit und lässt seinen Protagonisten zwischen den zwei Polen, zwischen gut und böse, hell und dunkel, pendeln, auf der Suche nach sich selbst. Um sich zu finden braucht er, wie in einem Puzzlespiel nur noch einen Stein. Und dieser Stein, metaphorisch gesehen, ist sein Vater, den er nie gekannt hat. Er sucht nach

---

[19] Szczesniak, Dorota: 151.

seinem Vater nicht nur nach außen, sondern auch in seinem Inneren. Und weil er keinen fassbaren Beweis findet, rekonstruiert er die Vaterfigur aus sich selber, aus seinem Frust, und seinem Schmerz, aus seiner Sehnsucht und seinem Hass. Er skizziert sein imaginäres Gesicht nur aus Teilen von sich selbst. Und weil er den Vater hasst, bedeutet dies auch, dass er sich selber hasst. Denn der Vater ist nur ein gespiegeltes Bild von Euseb. Es ist ein emotionale Erzählung, die viel zum Nachdenken anregt und viele Interpretationsmöglichkeiten offen lässt.

Der Titel selbst generalisiert ein Schicksal und auf diese Weise, weist er darauf hin, dass sich ein solches Schicksal immer wieder wiederholen kann.

8. Bibliographie

Primärtext:

Hoffmannsthal: **Knabengeschichte** in **Die Frau ohne Schatten**, Goldmann Verlag, 2001.

Sekundär Literatur:

Blos Peter: **Sohn und Vater,** Klett-Kotta, Stuttgart, 1990.

Durhammer, Ilija, Janke, Pia (Hrsg.): **Frauenbilder,** Editions Präsens, Wien, 2001.

Schmitter, Sebastian: **Basis, Wahrnehmung und Konsequenz,** Königshausen und Neumann, Würzburg, 2000.

Szczesniak, Dorota: **Zum Aphorismus der Wiener Moderne,** ibinem, Stuttgart, 2006.

Wirkus, Bernd(Hrsg.) **Väter und Söhne,**UVK Verlaggesellschaft, Konstanz, 2001.